Top Italian Olive Oils

Ovidio Guaita

2016

PalidanoPress

TOP ITALIAN
OLIVE OILS

a cura di | *edited by*
Ovidio Guaita

in redazione | *editorial staff*
Ovidio Guaita, Lawrence Taylor, Paolo Gerbaldo, Alessandra Jovinelli

progetto grafico & impaginazione
graphic project & layout
Graphic Department
Palidano Press

è una collana pubblicata da
is a series published by

PalidanoPress
3 More London Riverside
London SE1 2RE

www.palidano.com

ISBN 978-1-908310-20-0

© 2016 PalidanoPress
Proprietà letteraria e artistica riservata per tutti i paesi. Ogni riproduzione anche parziale è vietata.
All rights reserved. Reproduction in whole or in part without written permission is strictly prohibited.

Questa è la prima guida emozionale ai migliori oli d'oliva extravergini italiani. Il meglio del meglio degustato e valutato in centesimi.

L'Italia, tra le regioni del Mediterraneo, è storicamente nota per avere la produzione migliore e più raffinata. Un primato che è ormai riconosciuto in tutto il mondo, pur apprezzando le ottime produzioni greche e spagnole ad esempio.

Tra le regioni italiane che producono olio, ovvero la maggioranza, la Toscana è di gran lunga la più rappresentata in questa guida. Non c'è dubbio che Sicilia, Puglia, Basilicata e Umbria stiano dando un ottimo contributo alla produzione di qualità e infatti in queste pagine troverete alcuni oli eccellenti che provengono da quelle regioni. Tuttavia in termini di scelta dei cultivar, di produzioni in purezza, di produzioni biologiche e di bassa acidità, la Toscana non è seconda a nessuno.

A questo possiamo aggiungere che il sapore deciso, spesso leggermente piccante, sposato con un delicato retrogusto amarognolo ne fanno un must, sia per i cultori della dieta mediterranea che per gli amanti della haute cuisine stellata.

Ovidio Guaita
Editor-in-Chief
Resorts Magazine

This is the first emotional guide to the best Italian Extra-Virgin Olive Oils. The best of the best, tasted and rigidly evaluated.

Italy, among the regions of the Mediterranean, is historically known for the best and most refined production of olive oil. This leading position is recognized worldwide, even though we still appreciate the superb Greek and Spanish productions.

Among the Italian regions that produce oil, that is to say the majority of them, Tuscany is by far the most represented in this guide. There is no doubt that Sicily, Apulia, Basilicata and Umbria are giving an excellent contribution to the production of quality. In fact, on these pages you will find a few exceptional oils that come from those regions. Nevertheless, in terms of the selection of the cultivar, productions for purity, biological productions and productions with low acidity, Tuscany is second to none.

To this we might add that the decisive taste – often slightly spicy – combined with a delicate bitter after-taste make it a must both for the cultivators of the Mediterranean diet as well as for the lovers of award-winning haute cuisine.

Sommario   Contents

Preface   9

Top Italian Olive Oils

Toscana	Coltibuono, Albereto	16
Toscana	Coltibuono, Campo Corto	18
Toscana	Tenuta di Capezzana	22
Toscana	Col D'Orcia	26
Toscana	Tenuta di Ghizzano	30
Toscana	Dievole, Dop	34
Basilicata	Dievole, Nocellara	36
Sicilia	Morgante, Don Antonio	38
Umbria	I Girasoli di Sant'Andrea	42
Basilicata & Puglia	Dievole, Coratina	46
Basilicata & Puglia	Dievole, 100% Italiano	48

Tuscany Selection

Toscana	Castello di Cacchiano	52
Toscana	Pruneti, Leccino	54
Toscana	I Greppi di Silli	56
Toscana	La Ranocchiaia, Coreggiolo	58

Indice degli oli - Index of Oils   63
Punteggi - Scores   64
Indice dei produttori - Index of Oils Makers   65

Top Italian Olive Oils

Pochissimi, selezionati oli italiani, tutti con un punteggio superiore a 90/100. L'eccellenza della produzione italiana è qui raccolta. Il migliore bio, monocultivar, fruttato, I.G.P., aromatico, piccante, blend. A ognuno il suo.

Very few selected Italian oils. All with a score over 90/100. The excellence among the Italian production is gathered here. The best bio", mono-cultivar, fruity, I.G.P., spicy, blends. To each his own.

Badia a Coltibuono

Albereto Olio Extravergine di Oliva I.G.P. Toscano Bio

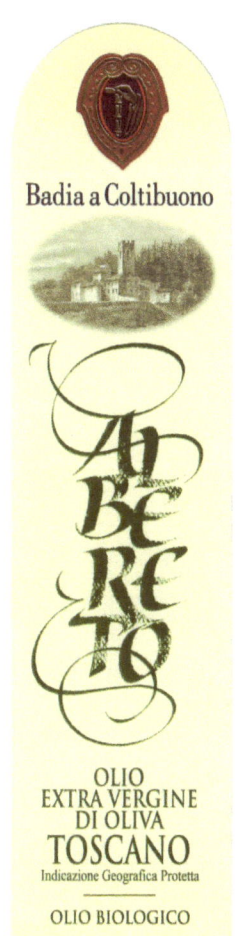

Toscana
Top 2016

Top Italian Olive Oil 2016
I.G.P. Toscano Bio
cultivar Frantoio, Leccino, Moraiolo, Maurino
handpicking | raccolta manuale
$$$

www.coltibuono.com

Badia a Coltibuono

Campo Corto Olio Extravergine di Oliva I.G.P. Toscano Bio

Toscana

Top Bio
I.G.P. Toscano Bio
monocultivar Frantoio
handpicking | raccolta manuale
$$$

www.coltibuono.com

Badia a Coltibuono

Campo Corto Olio Extravergine di Oliva
I.G.P. Toscano Bio

 **98/100**

Tenuta di Capezzana

Capezzana Conti Contini Buonacossi
Olio Extravergine di Oliva Biologico

 *Top monocultivar*

Toscana
Top monocultivar

Top Monocultivar
I.G.P. Toscano Bio
monucultivar Pendolino
handpicking and mechanical harvesting
raccolta manuale e meccanica
$$$

www.capezzana.it

Tenuta di Capezzana

Capezzana Conti Contini Buonacossi
Olio Extravergine di Oliva Biologico

Top monocultivar

Toscana
Top monocultivar

Col d'Orcia

Col d'Orcia Olio Extravergine di Oliva Biologico

Top Fruity
I.G.P. Toscano Bio
monocultivar Olivastra
handpicking and mechanical harvesting
raccolta manuale e meccanica
$$$

www.coldorcia.it

Col d'Orcia

Col d'Orcia Olio Extravergine di Oliva Biologico

Top Basilicata

Toscana
Top fruity

Tenuta di Ghizzano

Tenuta di Ghizzano Olio Extravergine di Oliva

Toscana

Top I.G.P. Toscano

Top I.G.P. Toscano
I.G.P. Toscano
cultivar Frantoio, Razzo, Leccino, Moraiolo
handpicking and mechanical harvesting
raccolta manuale e meccanica
$$

www.tenutadighizzano.com

Tenuta di Ghizzano

Tenuta di Ghizzano Olio Extravergine di Oliva

Toscana
Top I.G.P. Toscano

Dievole

Olio Extravergine di Oliva D.O.P. Chianti Classico

Top spicy

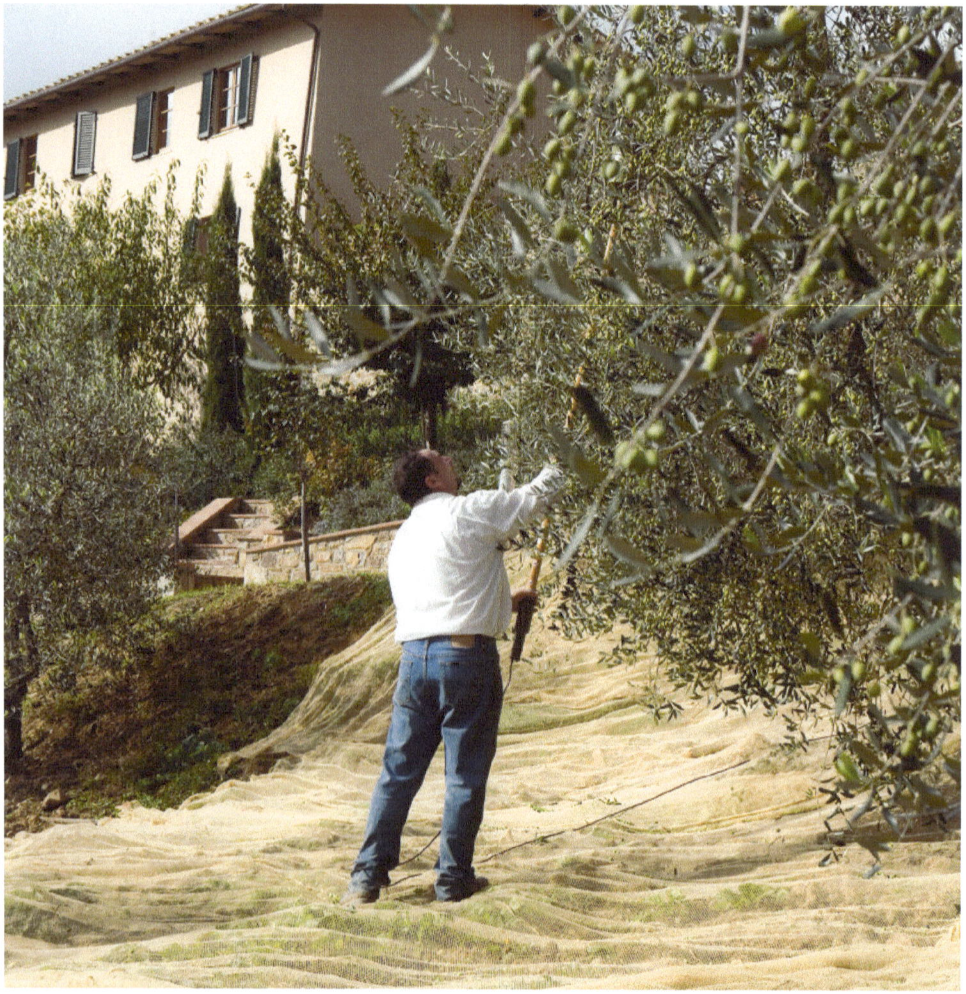

Top spicy

Top Spicy
D.O.P. Chianti Classico
cultivar Frantoio, Moraiolo
handpicking | raccolta manuale
$$$

www.dievole.it

Dievole

Olio Extravergine di Oliva 100% Italiano Nocellara

Top Basilicata

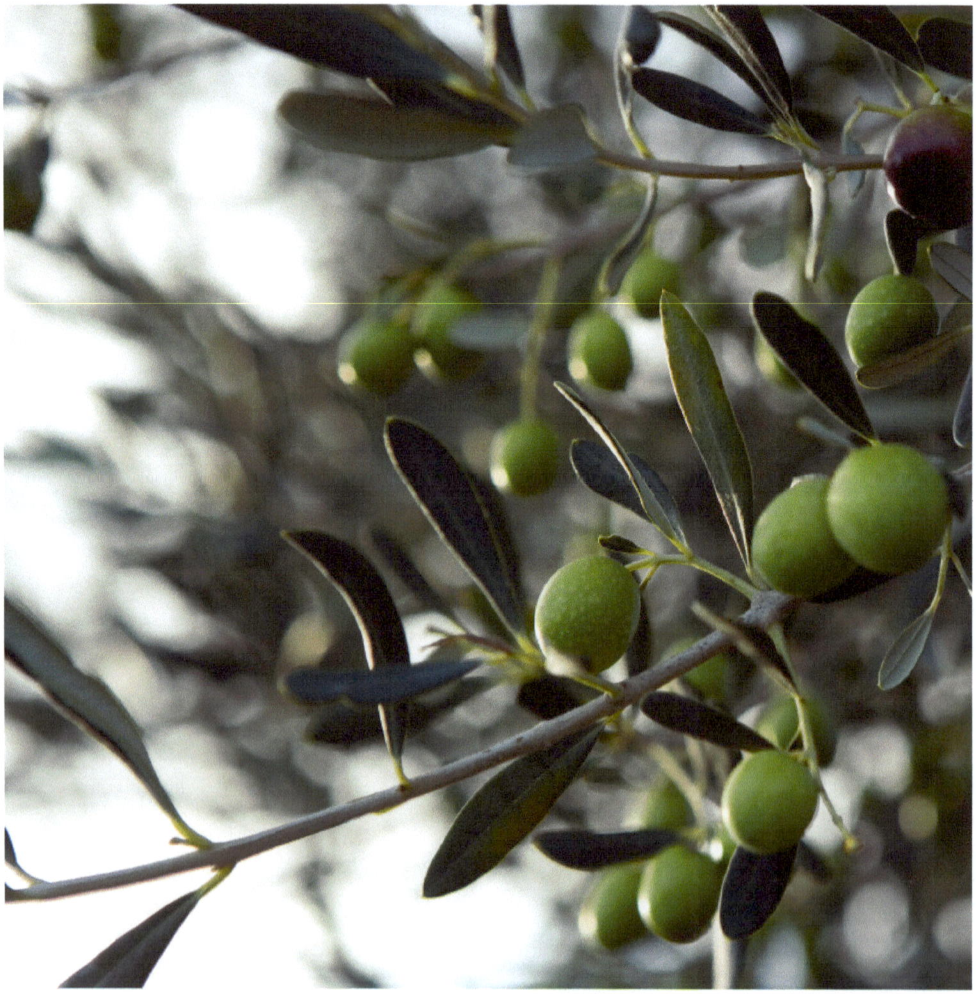

Basilicata

Top Basilicata

Top Basilicata
D.O.P. Chianti Classico
cultivar Frantoio, Moraiolo
handpicking and mechanical harvesting
raccolta manuale e meccanica
$$

www.dievole.it

Morgante

Don Antonio Olio Extravergine di Oliva

Sicilia
Top Sicily

Top Sicily
I.G.P. Toscano
cultivar Biancolilla, Nocellara del Belice
handpicking | raccolta manuale
$

www.morgantevini.it

Morgante

Don Antonio Olio Extravergine di Oliva

Sicilia

Top Sicily

I Girasoli di Sant'Andrea

Olio Extravergine di Oliva I Girasoli di Sant'Andrea

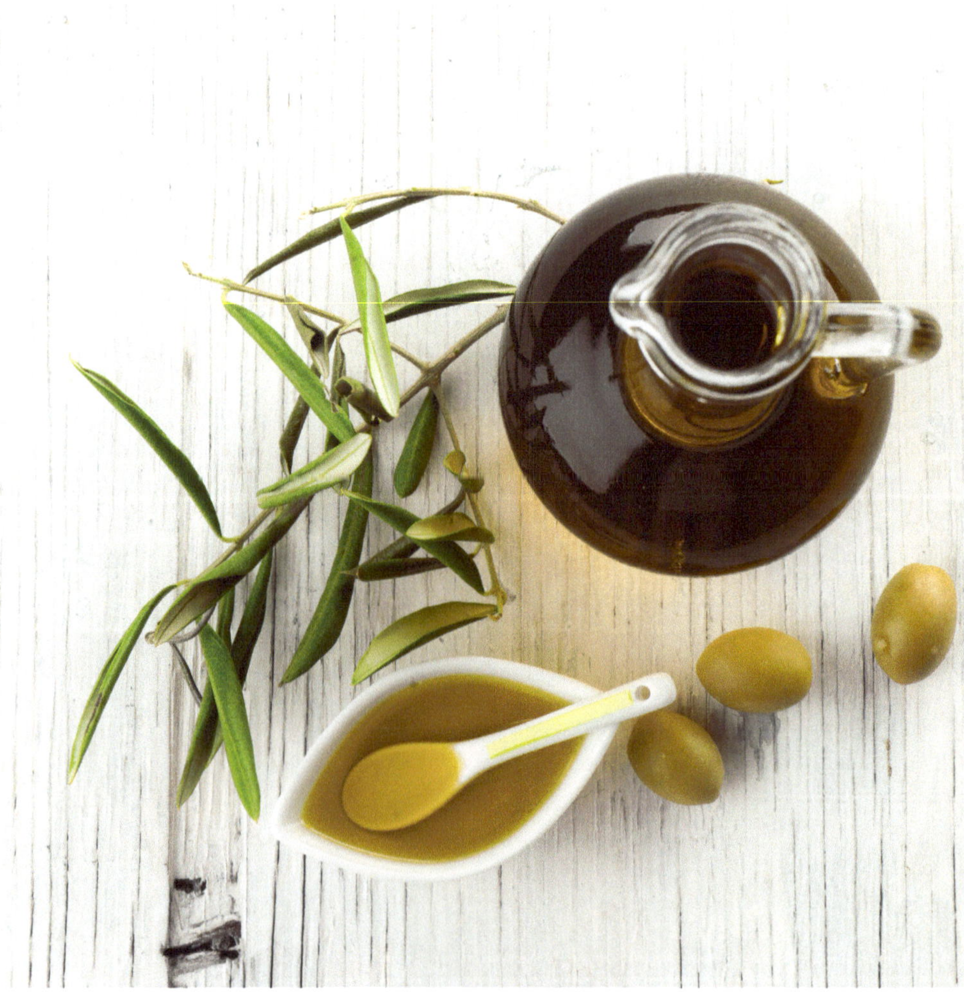

Top Umbria

cultivar Frantoio, Leccino, Moraiolo
handpicking and mechanical harvesting
raccolta manuale e meccanica
$

www.igirasolidisantandrea.com

I Girasoli di Sant'Andrea

Olio Extravergine di Oliva I Girasoli di Sant'Andrea

Top Umbria

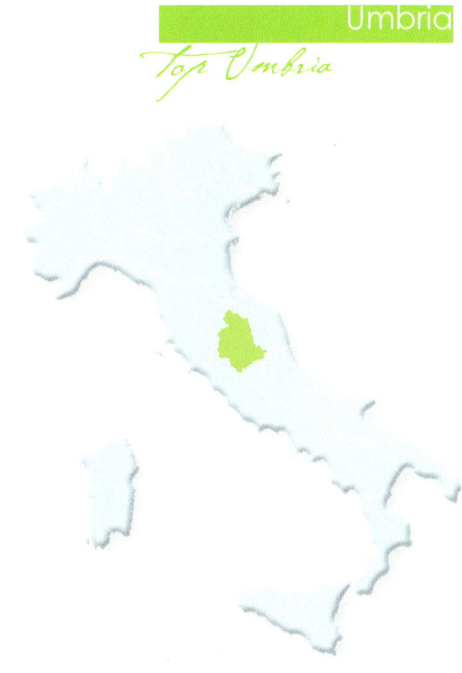

Umbria

Top Umbria

 91/100

Dievole

Olio Extravergine di Oliva 100% Italiano Coratina

Top aromatic

Basilicata & Puglia
Top aromatic

Top Aromatic

monocultivar Coratina
handpicking and mechanical harvesting
raccolta manuale e meccanica
$$

www.dievole.it

Dievole

Olio Extravergine di Oliva 100% Italiano

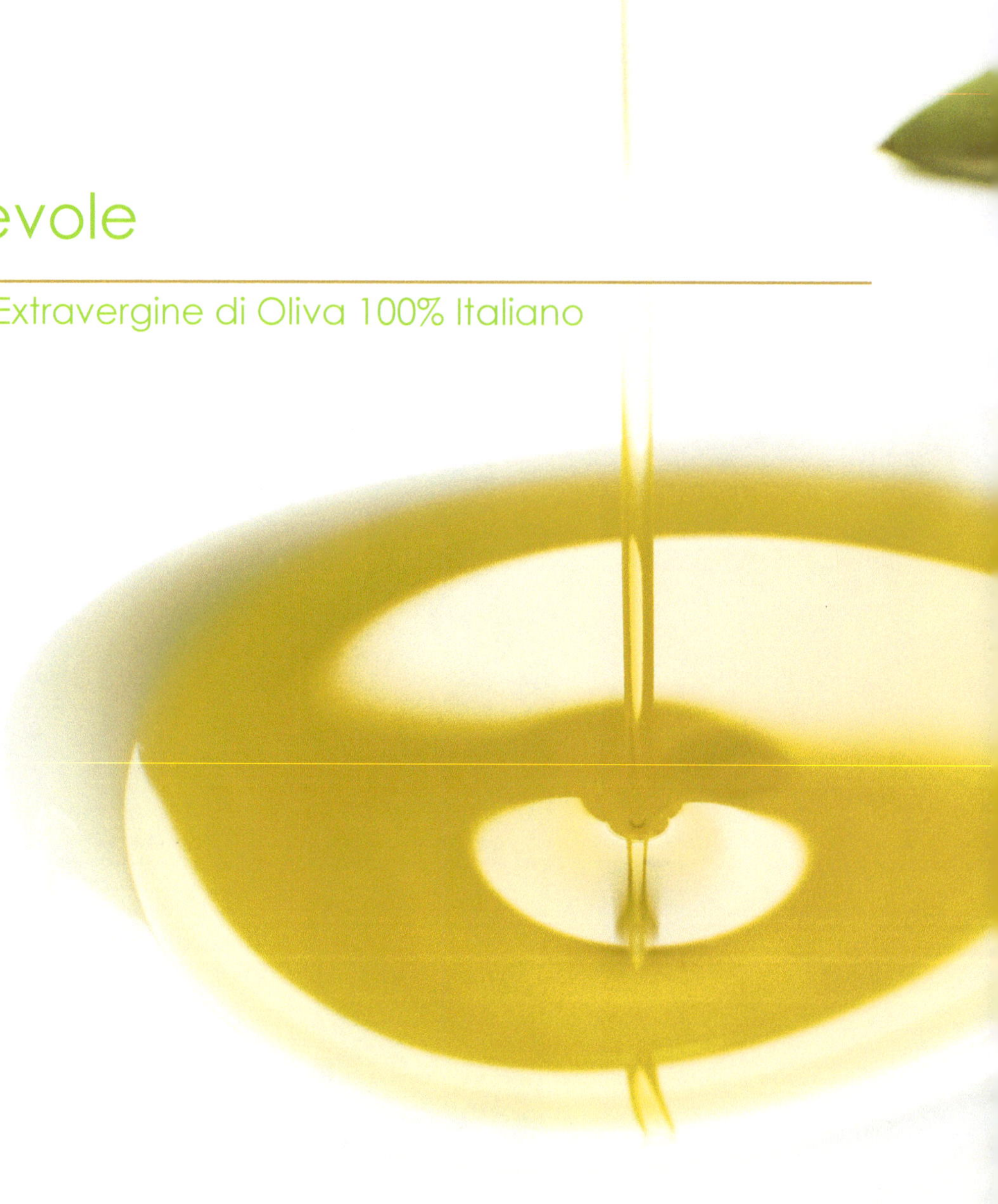

Basilicata & Puglia
Top blend

Top Blend

cultivar Leccino, Coratina, Peranzana, Ogliarola
handpicking and mechanical harvesting
raccolta manuale e meccanica
$$

www.dievole.it

Tuscany Selection

Quando l'origine e la tradizione è una garanzia. Alcuni tra i migliori oli toscani. Per chi ama i sapori decisi, senza compromessi, con protocolli di produzione sperimentati o innovativi. Perché anche la tradizione evolve.

When origin and tradition are a guarantee. Some of the best Tuscan oils. For those who love strong flavors, without compromises and with experimental or innovative production protocols, for even tradition evolves.

Castello di Cacchiano

Olio Chianti Classico D.O.P. Castello di Cacchiano

Tuscany selection

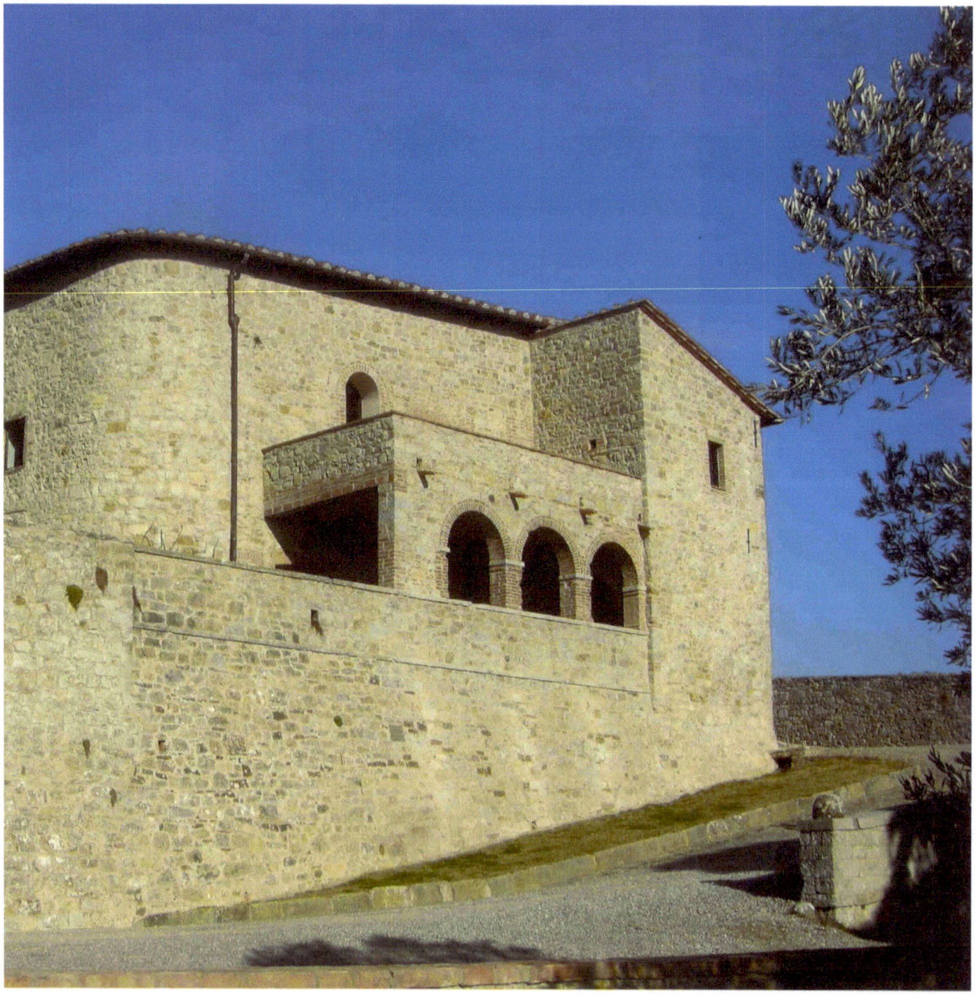

Toscana
Tuscany selection

Tuscany Selection
D.O.P. Chianti Classico
cultivar Coreggiolo, Leccino, Moraiolo, Pendolino
handpicking | raccolta manuale
$$$

www.castellodicacchiano.it

 95/100

Pruneti

Olio Extravergine di Oliva Italiano Biologico Leccino

Tuscany selection

Toscana
Tuscany selection

PRUNETI
SAN POLO IN CHIANTI

Tuscany Selection
Bio
monocultivar Leccino
handpicking and mechanical harvesting
raccolta manuale e meccanica
$$$

www.pruneti.it

I Greppi di Silli

I Greppi di Silli Olio Extravergine di Oliva Monocultivar Frantoio

Tuscany selection

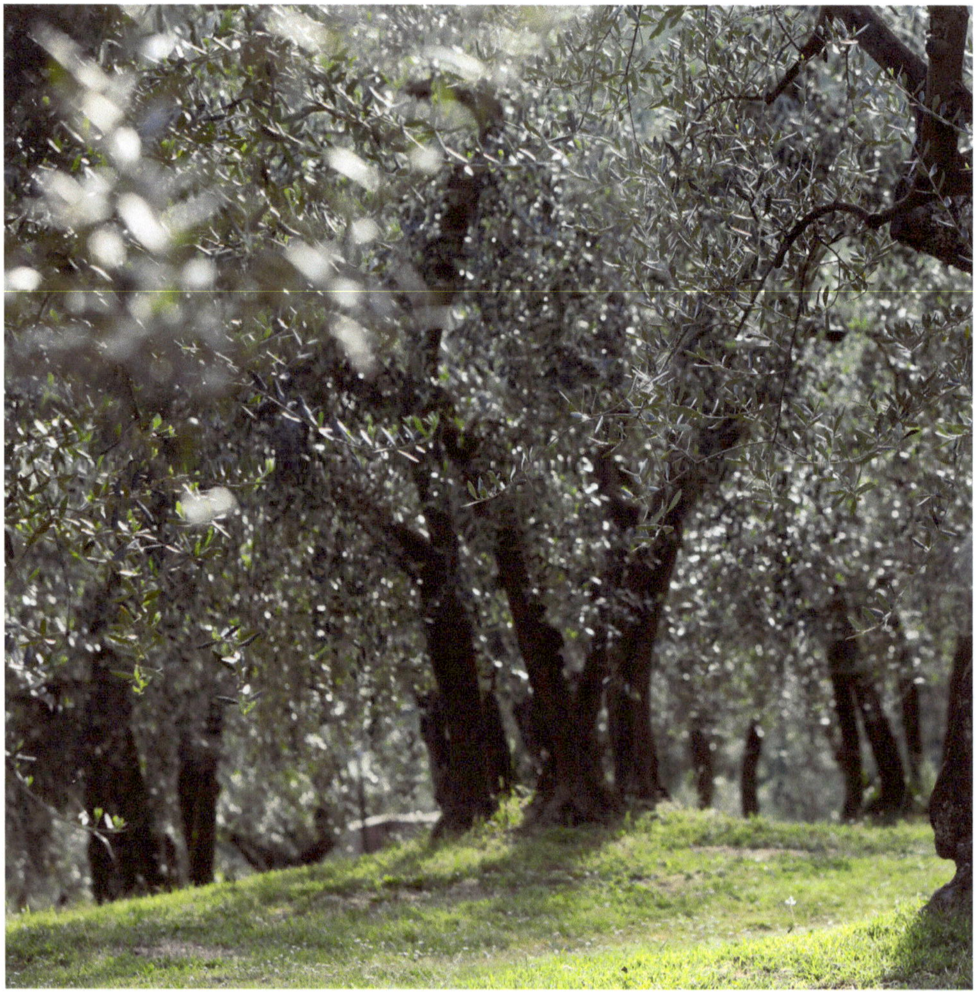

Toscana
Tuscany selection

Tuscany Selection
Bio
monocultivar Frantoio
handpicking and mechanical harvesting
raccolta manuale e meccanica
$$

www.igreppidisilli.it

Azienda Agricola La Ranocchiaia

Olio Extravergine di Oliva Monovarietale Coreggiolo

Tuscany selection

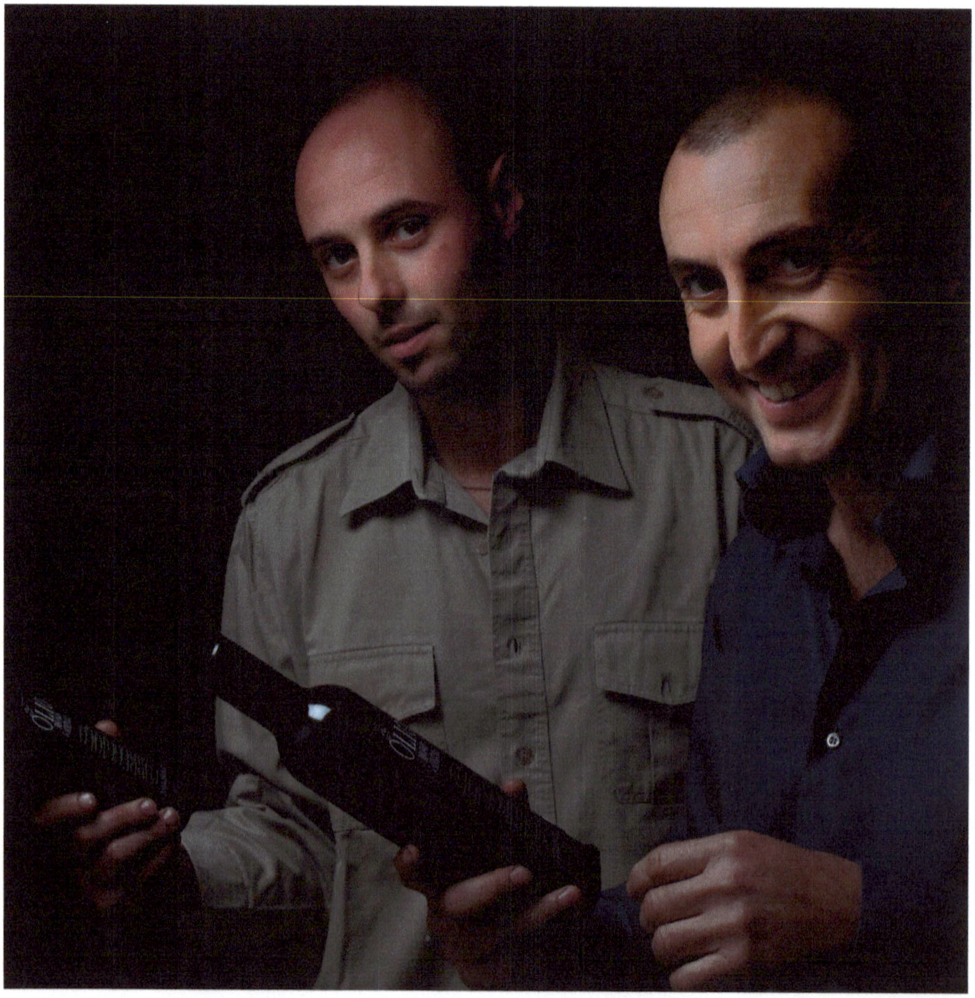

Toscana
Tuscany selection

Tuscany Selection
Bio
monocultivar Coreggiolo
handpicking and mechanical harvesting
raccolta manuale e meccanica
$$

www.laranocchiaia.it

indici

index of oils and scores

index of oils

Albereto Olio Extravergine di Oliva I.G.P. Toscano Bio	16
Campo Corto Olio Extravergine di Oliva I.G.P. Toscano Bio	18
Capezzana Conti Contini Buonacossi Olio Extravergine di Oliva Biologico	22
Col d'Orcia Olio Extravergine di Oliva Biologico	26
Don Antonio Olio Extravergine di Oliva	38
I Greppi di Silli Olio Extravergine di Oliva Monocultivar Frantoio	56
Olio Chianti Classico D.O.P. Castello di Cacchiano	52
Olio Extravergine di Oliva 100% Italiano Dievole	48
Olio Extravergine di Oliva 100% Italiano Coratina Dievole	46
Olio Extravergine di Oliva 100% Italiano Nocellara Dievole	36
Olio Extravergine di Oliva D.O.P. Chianti Classico Dievole	34
Olio Extravergine di Oliva I Girasoli di Sant'Andrea	42
Olio Extravergine di Oliva Italiano Biologico Leccino	54
Olio Extravergine di Oliva Monovarietale Coreggiolo	58
Tenuta di Ghizzano Olio Extravergine di Oliva	30

scores

Score	Producer	Product
100	Badia a Coltibuono	Albereto Olio Extravergine di Oliva I.G.P. Toscano Bio
99	Badia a Coltibuono	Campo Corto Olio Extravergine di Oliva I.G.P. Toscano Bio
98	Tenuta di Capezzana	Capezzana Conti Contini Buonacossi Olio Extravergine di Oliva Biologico
96	Col d'Orcia Col d'Orcia	Olio Extravergine di Oliva Biologico
95	Castello di Cacchiano	Olio Chianti Classico D.O.P. Castello di Cacchiano
95	Tenuta di Ghizzano	Tenuta di Ghizzano Olio Extravergine di Oliva
94	Dievole	Olio Extravergine di Oliva D.O.P. Chianti Classico
94	Pruneti	Olio Extravergine di Oliva Italiano Biologico Leccino
92	Dievole	Olio Extravergine di Oliva 100% Italiano Nocellara
92	Morgante	Don Antonio Olio Extravergine di Oliva
91	Dievole	Olio Extravergine di Oliva 100% Italiano Coratina
91	I Girasoli di Sant'Andrea	Olio Extravergine di Oliva I Girasoli di Sant'Andrea
90	Dievole	Olio Extravergine di Oliva 100% Italiano
90	I Greppi di Silli	I Greppi di Silli Olio Extravergine di Oliva Monocultivar Frantoio
90	Azienda Agricola La Ranocchiaia	Olio Extravergine di Oliva Monovarietale Coreggiolo

index of oil makers

Azienda Agricola La Ranocchiaia	58
Badia a Coltibuono	16, 18
Castello di Cacchiano	52
Col d'Orcia	26
Dievole	36, 46, 48
I Girasoli di Sant'Andrea	42
I Greppi di Silli	56
Morgante	38
Pruneti	54
Tenuta di Capezzana	22
Tenuta di Ghizzano	30

Legenda

Cost range (€/lt)

low	$	up to 10
medium	$$	from 11 to 30
high	$$$	from 31 and above

RESORTS MAGAZINE
THE WORLD'S MOST EXCLUSIVE DESTINATIONS

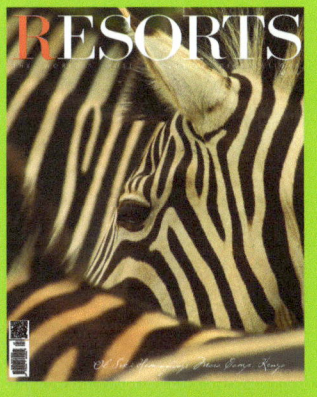  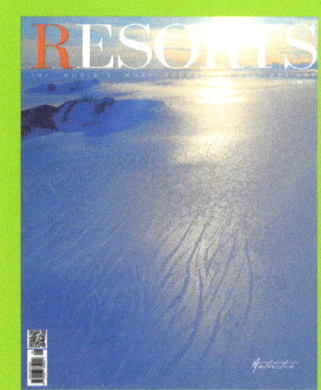 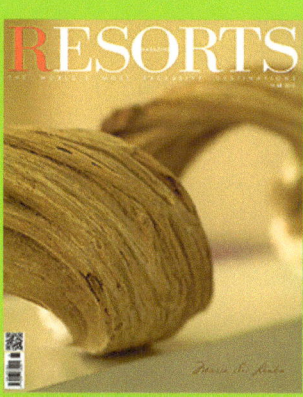
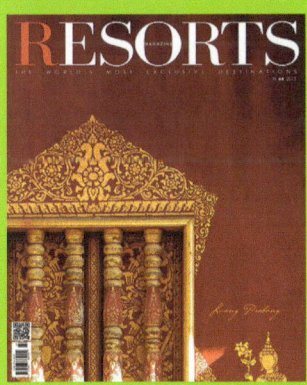   

www.resorts.it

www.ingramcontent.com/pod-product-compliance
Lightning Source LLC
Chambersburg PA
CBHW042021150426
43197CB00003B/94